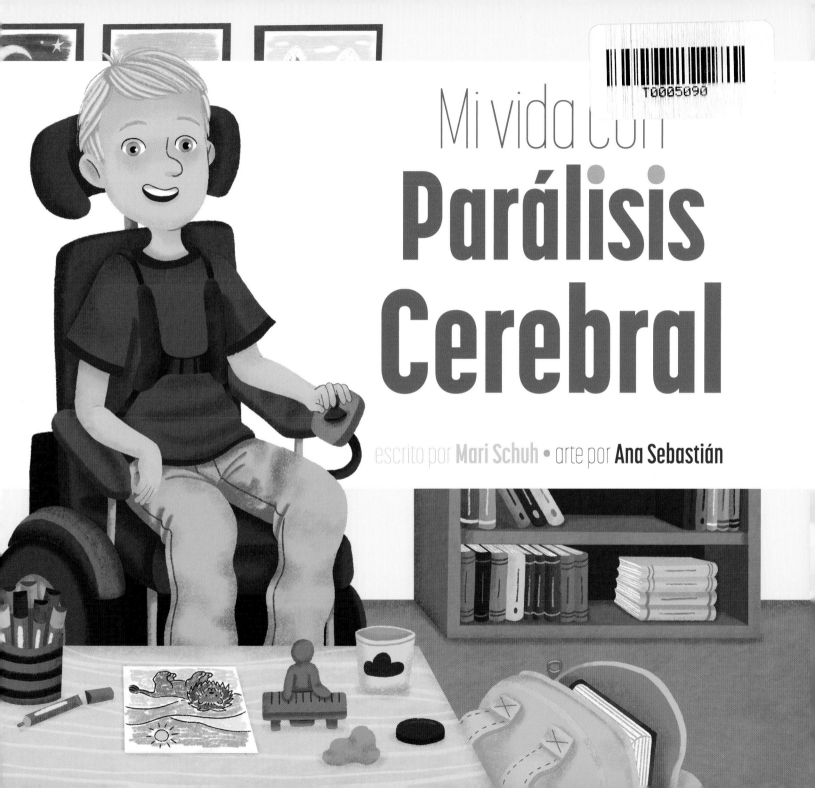

Mi vida con Parálisis Cerebral

escrito por **Mari Schuh** • arte por **Ana Sebastián**

AMICUS ILLUSTRATED
es una publicación de Amicus
P.O. Box 227, Mankato, MN 56002
www.amicuspublishing.us

Rebecca Glaser, editora
Kathleen Petelinsek, diseñadora de la serie
Catherine Berthiaume, diseñadora de libra

Library of Congress Cataloging-in-Publication Data

Names: Schuh, Mari C., 1975- author. | Sebastián, Ana, illustrator.
Title: Mi vida con parálisis cerebral / escrito por Mari Schuh ; arte por Ana Sebastián.
Other titles: My life with cerebral palsy. Spanish
Description: Mankato, MN : Amicus Illustrated/Amicus, [2023] | Series: Mi vida con |
Audience: Ages 6-9 | Audience: Grades 2-3 | Summary: "Meet Charles! He likes music and being with
his family. He also has cerebral palsy. Charles is real and so are his experiences. Learn about his life in this illustrated
narrative nonfiction Spanish picture book for elementary students"–Provided by publisher.
Identifiers: LCCN 2022001441 (print) | LCCN 2022001442 (ebook) |
ISBN 9781645494713 (library binding) | ISBN 9781681528823 (paperback) | ISBN 9781645494751 (pdf)
Subjects: LCSH: Cerebral palsy--Juvenile literature.
Classification: LCC RJ496.C4 S3618 2023 (print) | LCC RJ496.C4 (ebook) |
DDC 618.92/836--dc23/eng/20220124
LC record available at https://lccn.loc.gov/2022001441
LC ebook record available at https://lccn.loc.gov/2022001442

A Charles y su familia–MS

Acerca de la autora

El amor que Mari Schuh siente por la lectura comenzó con las cajas de cereales, en la mesa de la cocina. Hoy en día, es autora de cientos de libros de no ficción para lectores principiantes. Con cada libro, Mari espera ayudar a los niños a aprender un poco más sobre el mundo que los rodea. Obtén más información sobre ella en marischuh.com.

Acerca de la ilustradora

Ana Sebastián es una ilustradora que vive en España. Estudió Bellas Artes en la Universidad de Zaragoza y en la Université Michel de Montaigne, en Burdeos. Se especializó en ilustración digital y completó su educación con una maestría en ilustración digital para arte conceptual y desarrollo visual.

¡Hola! Soy Charles. Soy un niño inteligente y divertido, como tú. Apuesto a que tenemos diferencias y similitudes. Me gusta la música y estar con mi familia. Además, tengo parálisis cerebral. Déjame contarte sobre mi vida.

Tener parálisis cerebral significa que tengo dificultad para mover mis músculos. La parálisis cerebral afecta a las personas de maneras diferentes. Algunas, tienen músculos tensos y rígidos. Otras, pueden tenerlos débiles y flácidos. Pueden estar temblorosas. Pueden, además, tener dificultad para oír, ver o aprender.

La parálisis cerebral es provocada por daños o problemas en el cerebro mientras se está formando. Esto generalmente sucede antes de que la persona nazca.

Tengo parálisis cerebral cuadripléjica. *Cuadri* significa cuatro. Tengo dificultad para mover los brazos y las piernas. Así que manejo una silla de ruedas eléctrica.

También uso una andadera. Le da soporte a mi cuerpo y me permite mover las piernas. Mi equipo me da libertad para desplazarme.

Me cuesta trabajo hablar.
Así que a menudo uso una
computadora que habla por
mí. Piso pedales para buscar
y elegir mis palabras. A veces,
uso lenguaje de señas.

No veo muy bien. Las pantallas
grandes facilitan que
vea mi computadora.

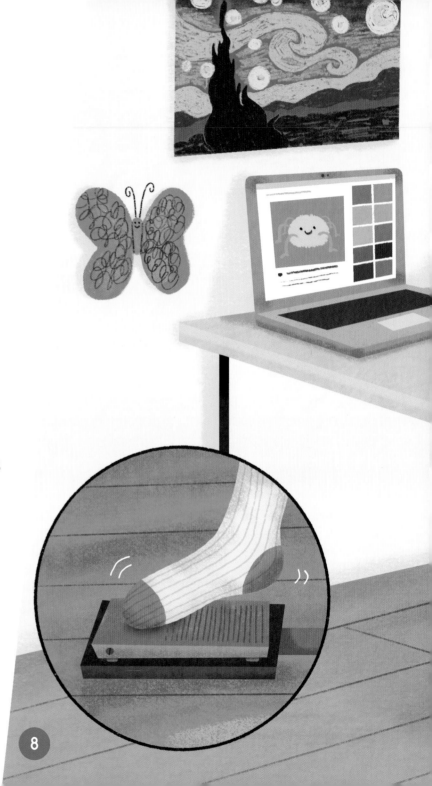

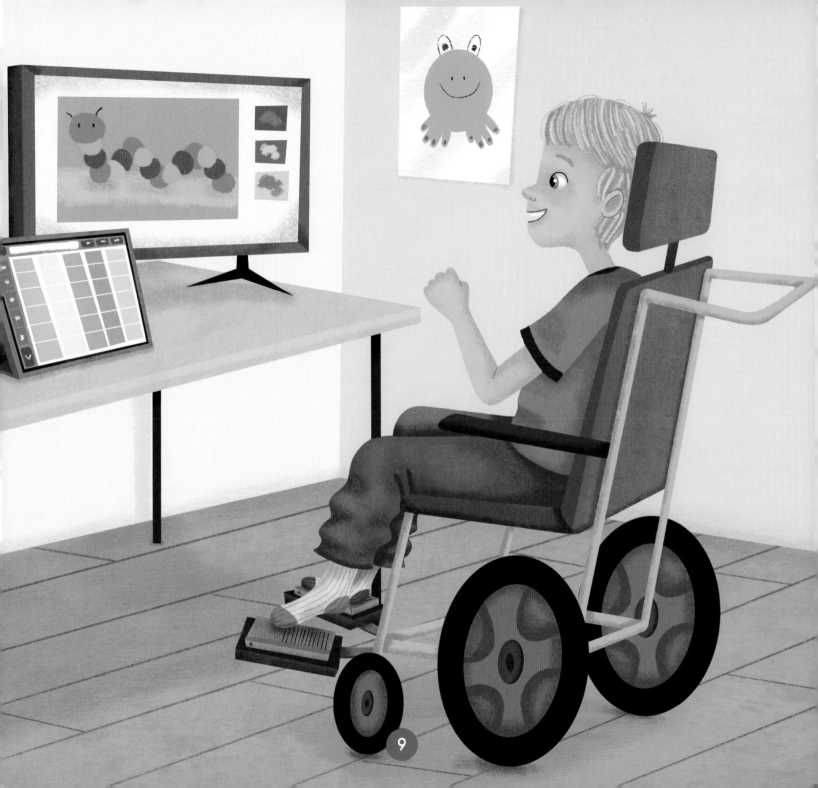

Mi escritorio en la escuela es un poco más alto y grande que los demás. Tiene espacio para mi equipo y mi computadora. La ayudante de la maestra está conmigo todo el día. Mis terapeutas se aseguran de que tenga todo el equipo que necesito. Así, puedo enfocarme en aprender.

Mis compañeros de clases y yo aprendemos juntos.
Estudiamos matemáticas, escritura y muchas cosas
más. La semana pasada, recibí un premio de mi
maestra. ¡Mis amigos se alegraron mucho por mí!

También me gusta estudiar en casa. Me encanta aprender sobre los idiomas y las culturas del mundo. Veo videos en mi computadora para aprender más. A veces, escucho audiolibros.

En casa, me mantengo ocupado. Diariamente, hago ejercicio y quehaceres. A menudo cocino con mi familia. También hacemos manualidades.

La parálisis cerebral no impide que me divierta. Paseo en tándem con mi mamá. Juego a las escondidillas con mi hermano menor. También nos perseguimos por toda la casa.

Además, nos divertimos en el patio de juegos. Está hecho para niños con discapacidades. El equipo me mantiene a salvo y es facil de usar. Me gusta subirme a la tirolesa!

Quiero aprender a tocar mejor el piano. Pero me frustro porque mis dedos están rígidos. Tengo dificultad para separarlos. Así que aprendí a presionar mi mano contra la rodilla para mantener mis dedos separados. Entonces, deslizo mis dedos sobre el teclado. Esto me permite presionar las teclas correctas.

También disfruto la música de otras maneras. Es divertido cantar y bailar. Mi canción favorita es Witsy Witsy Araña. Me encanta mostrarle a la gente los movimientos de la mano que acompañan a esa canción.

Me gusta acurrucarme antes de dormirme. También escucho música.

¡Hora de irse a dormir! Mi cama me mantiene a salvo por las noches. Tiene barandales altos alrededor para que no me caiga.

Mientras me voy a dormir, pienso en mi día. Hoy hizo calor. Mi hermano y yo jugamos en nuestra alberca para refrescarnos. Me senté en una silla para poder estar a salvo. Disfruté del agua. ¡Fue un gran día!

Conoce a Charles

¡Hola! Soy Charles. Vivo en una granja, en Iowa, con mi mamá, papá y hermano menor. Tenemos unas 60 gallinas y un perro llamado Max. Soy amistoso, cariñoso e inteligente. Me gusta contar chistes, tocar el piano y oír música clásica. También me divierte escribir cuentos y obras de teatro. Cuando crezca, quiero ser escritor.

Respeto por las personas con parálisis cerebral

Sé amable y comprensivo con las personas que tienen parálisis cerebral. No las intimides ni te burles de ellas. Trátalas como te gustaría que te trataran.

Cuando conozcas a alguien con parálisis cerebral, sé amable y salúdalo. No lo ignores, no te vayas ni te le quedes viendo.

La silla de ruedas y el equipo de una persona le pertenecen a ella. No toques, agarres o muevas la silla de ruedas o el equipo de alguien, a menos que él o ella te lo pida.

Asegúrate de dar suficiente espacio para las sillas de ruedas y otros equipos. Esto le permite a la persona moverse más fácilmente y ver a su alrededor.

Si una persona con parálisis cerebral se comunica contigo, escúchala y tenle paciencia. Puede necesitar un poco más de tiempo.

No toques a una persona con parálisis cerebral sin motivo. Sé respetuoso con ella y su espacio.

Antes de ayudar a una persona con parálisis cerebral, primero pregúntale si necesita ayuda.

A todos nos gusta ser parte de un grupo. Asegúrate de invitar a los niños con parálisis cerebral a jugar y a convivir. Quieren divertirse, igual que los demás niños.

Palabras útiles

andadera Equipo que da soporte y estabilidad a las personas cuando se mueven y caminan.

audiolibro La grabación de una persona que lee un libro en voz alta.

cultura Las ideas, el arte, las costumbres y tradiciones de un grupo de personas.

daños Afectar negativamente a algo.

equilibrio Mantenerse estable.

lenguaje Las palabras que las personas usan para escribir y hablar entre sí.

lenguaje de señas Lenguaje que usa señas con las manos, movimientos del cuerpo y emociones demostradas en el rostro para comunicarse con otros.

libertad El derecho a vivir de la forma que tú quieres.

parálisis cerebral Una afección cerebral que causa problemas para mover los músculos.

rígido Difícil de mover o doblar.

tándem Bicicleta con asientos y pedales para dos personas, una detrás de la otra.

terapeuta Una persona capacitada para ayudar a las personas con afecciones, trastornos y enfermedades a aprender nuevas habilidades.